tranger in the Snow

El extraño en la nieve

Lynne Benton

Pictures by Ollie Cuthbertson
Spanish by Rosa María Martín

Pablo y Ana llegan a casa de su padre.
Su nueva casa está a la orilla del bosque.
"¿No estás muy solo aquí, papá?" pregunta Ana.
"No", dice papá. "Tengo que escribir mi libro
y esto es muy tranquilo, ¡bueno para pensar!"
"¿De qué trata tu libro?" pregunta Pablo.
"No estoy seguro aún", dice papá, sonriendo.
Ana tiembla. "Papá, ¿hay fantasmas en el bosque?"
Papá ríe. "Los fantasmas no existen, Ana."

Paul and Anna arrive at their dad's house.
His new home is on the edge of the forest.
"Aren't you lonely here, Dad?" asks Anna.
"No," says Dad. "I need to write my book
and it's quiet here, good for thinking!"
"What's your book about?" asks Paul.
"I'm not sure yet," says Dad, smiling.
Anna shivers. "Dad, are there ghosts in the forest?"
Dad laughs. "There are no such things as ghosts, Anna."

Esa noche dice Pablo: "¡Mira, Ana! ¡Está nevando!
Mañana podemos hacer un muñeco de nieve."
Más tarde, Ana mira por la ventana del dormitorio.
La nieve es blanda y hermosa. Tiene sueño.
De repente, ve algo:
un círculo de luz entre los árboles.
Ana se frota los ojos. Mira otra vez,
pero ahora sólo hay nieve.

That night Paul says, "Look, Anna! It's snowing!
Tomorrow we can build a snowman."
Later, Anna looks out the bedroom window.
The snow is soft and beautiful. She feels sleepy.
Suddenly, she sees something:
a circle of light among the trees.
Anna rubs her eyes. She looks again,
but now there is only snow.

A la mañana siguiente, Ana mira por la ventana otra vez.

Todo está blanco, menos un gran círculo de hierba.

"¡Qué raro!" piensa.

Después del desayuno, los niños salen afuera.

Ana corre al círculo de hierba.

Ve unas huellas pequeñas en la nieve.

"Seguramente es un animal", explica Pablo.

"¡O quizás es uno de tus fantasmas!

Ven, vamos a hacer nuestro muñeco de nieve."

The next morning, Anna looks out the window again.
Everywhere is white, except for a large circle of grass.
"How strange!" she thinks.
After breakfast, the children go outside.
Anna runs to the grass circle.
She sees some small footprints in the snow.
"It's probably an animal," explains Paul.
"Or maybe it's one of your ghosts!
Come on, let's build our snowman."

¡Quizás
es uno de tus
fantasmas!
Maybe it's one of
your ghosts!

Pablo y Ana están ocupados toda la mañana.
Hacen un gran muñeco de nieve.
Forman una gran bola de nieve para el cuerpo
y una bola más pequeña para la cabeza.
De vez en cuando, Ana siente algo extraño.
"¿Hay alguien mirándonos?" pregunta.
"No veo a nadie", dice Pablo. "Estás imaginando cosas."

Paul and Anna are busy all morning.
They build a big snowman.
They roll a big ball of snow for the body
and a smaller ball for the head.
From time to time, Anna has a strange feeling.
"Is someone watching us?" she asks.
"I can't see anyone," says Paul. "You're imagining things."

¿Hay alguien mirándonos? Is someone watching us?

Pablo toma un gran puñado de nieve.

Ve algo extraño—un pequeño tubo azul.

"¿Qué es esto?" dice.

"Parece un silbato", dice Ana.

Pablo sopla, pero no pasa nada.

"No funciona", dice. "Pero parece interesante."

Se lo mete en el bolsillo.

En ese momento, papá los llama para almorzar.

Paul picks up a big handful of snow.

He sees something strange—a small blue tube.

"What's this?" he says.

"It looks like a whistle," says Anna.

Paul blows, but nothing happens.

"It doesn't work," he says. "But it looks interesting."

He puts it into his pocket.

Just then, Dad calls them for lunch.

Por la tarde, papá se pone el abrigo.

"Tengo que echar estas cartas en el pueblo", dice.

"Está muy cerca. ¿Quieren venir?"

A fuera, el cielo está gris y está empezando a nevar.

"No, gracias, papá", dice Pablo. "Estamos bien aquí."

"¿Podemos jugar con la computadora?" pregunta Ana.

"Claro", dice papá. "Pórtense bien."

Later that afternoon, Dad puts on his coat.

"I have to mail these letters in town," he says.

"It's near here. Do you want to come?"

Outside, the sky is grey and it's starting to snow.

"No thanks, Dad," says Paul. "We're fine here."

"Can we play on the computer?" asks Anna.

"Sure," says Dad. "Be good."

Pablo cierra la puerta. Se acuerda del silbato.

Lo saca del bolsillo de su abrigo.

"¡Qué raro!" dice. "El silbato está brillando ahora."

Y sopla. Esta vez hay un sonido: *¡piiii!*

Sorprendido, Pablo deja caer el silbato.

De repente, la pantalla de la computadora se queda en blanco y la lámpara se apaga.

"¿Qué está pasando?" grita Ana.

Paul closes the door. He remembers the whistle.

He takes it out of his coat pocket.

"That's strange," he says. "The whistle is glowing now."

He blows. This time, there is a sound: *wee-eee!*

Surprised, Paul drops the whistle.

Suddenly, the computer screen goes blank

and the lamp goes out.

"What's happening?" shouts Anna.

"Puedo ir a buscar a papá. No está lejos", dice Pablo.

Abre la puerta. Hay mucha luz fuera.

Pablo extiende la mano. Toca algo.

Parece una pared gruesa. Pero no puede verla.

Oye un silbido en sus oídos.

Corre detrás de la casa. ¡La pared está allí también!

Vuelve a entrar y cierra la puerta.

"No podemos salir, Ana", susurra.

"I can get Dad. It isn't far," says Paul.
He opens the door. It's very bright outside.
Paul puts out his hand. He touches something.
It feels like a thick wall. But he can't see it.
He hears a ringing sound in his ears.
He runs behind the house. The wall is there, too!
He goes back indoors and shuts the door.
"We can't get out, Anna," he whispers.

Pablo está callado. Intenta pensar.

Entonces Ana oye un ruido fuera.

"¡Papá!" dice, corriendo a la ventana.

Pero no es su papá.

Ana grita: "¡Pablo! ¡Hay un fantasma fuera!"

"No seas tonta", dice Pablo. "Déjame ver."

"¿Qué es, Pablo?" susurra Ana.

Paul is quiet. He's trying to think.

Then Anna hears a noise outside.

"Dad!" she says, running to the window.

But it's not their dad.

Anna screams, "Paul! There's a ghost outside!"

"Don't be silly," says Paul. "Let me look."

"What is it, Paul?" whispers Anna.

"¡Parece… parece un extraterrestre!" dice Pablo.

"Parece muy triste", dice Ana.

Toma el silbato. Aún está brillando.

"Creo que busca esto", dice.

"Tenemos que devolvérselo."

"Pero no podemos salir", le recuerda Pablo.

Ana mira la cara triste que está fuera.

Sopla el silbato una vez. *¡Piiii!*

Al instante, ¡la lámpara y la computadora funcionan otra ve

"He looks like… like an alien!" says Paul.

"He looks very sad," says Anna.

She picks up the whistle. It is still glowing.

"I think he's looking for this," she says.

"We must give it back."

"But we can't get out," Paul reminds her.

Anna looks at the sad face outside.

She blows the whistle once. *Wee-eee!*

At once, the lamp and the computer are working again!

Los niños abren la puerta cuidadosamente.

Esta vez, no hay luz, y ningún silbido.

El extraño azul está de pie en silencio, mirándolos.

Ana sonríe y le muestra el silbato.

"¿Es esto tuyo?"

El extraño lo toma suavemente.

Aprieta el silbato contra su corazón.

¿Es esto tuyo?
Is this yours?

The children open the door carefully.

This time, there is no light, and no ringing sound.

The blue stranger is standing quietly, watching them.

Anna smiles and holds out the whistle.

"Is this yours?"

The stranger takes it from her gently.

He hugs the whistle to his heart.

"¡Mira!" dice Ana. "¡Se está volviendo amarillo!"

"Y el silbato también", dice Pablo.

El extraño levanta el silbato y sopla.

Esta vez el sonido es diferente.

Los niños miran al cielo.

Algo viene. ¡Una nave espacial!

"¡Es un extraterrestre de verdad!" susurra Pablo.

"Look!" says Anna. "He's turning yellow!"
"And the whistle too," says Paul.
The stranger lifts the whistle and blows.
This time the sound is different.
The children look at the sky.
Something is coming. A spaceship!
"He really is an alien!" whispers Paul.

La nave espacial aterriza en el círculo de hierba.

Una luz brillante aparece.

El extraterrestre levanta el brazo.

"Está diciendo adiós", dice Ana.

El extraterrestre va hacia la luz y desaparece.

La nave espacial vuela hacia el cielo.

"*¡Vaya!*" dice Pablo.

"Adiós", susurra Ana.

The spaceship lands in the grass circle.

A bright light appears.

The alien lifts his arm.

"He's saying good-bye," says Anna.

The alien walks into the light and he disappears.

The spaceship flies into the sky.

"*Wow!*" says Paul.

"Good-bye," whispers Anna.

"¡Esto debe ser un sueño!" dice Pablo después.

Ana mira el círculo de hierba y sonríe.

Ve las nuevas huellas en la nieve.

"No", dice lentamente. "Todo es verdad.

El silbato lo protege.

No puede volver a casa sin él."

"This must be a dream!" says Paul afterwards.

Anna looks at the grass circle and smiles.

She sees the new footprints in the snow.

"No," she says slowly. "It's all true.

The whistle protects him.

He can't go home without it."

"Tengo un regalo para ustedes", dice papá cuando vuelve.

"Es un juego de naves espaciales.

No quiero que estén aburridos aquí."

"Gracias, papá", dice Ana, "pero no estamos aburridos."

"Tengo una idea para tu libro", dice Pablo.

"Es sobre un extraño en el bosque,

¡que es realmente un extraterrestre!

Papá ríe. "Pero los extraterrestres no existen."

Los niños se miran y sonríen.

"I have a present for you," says Dad, when he returns.
"It's a spaceship game.
I don't want you to be bored here."
"Thanks, Dad," says Anna, "but we're not bored."
"I've got an idea for your book," says Paul.
"It's about a stranger in the forest,
who's really an alien!"
Dad laughs. "But there are no such things as aliens."
The children look at each other and smile.

Quiz

You will need some paper and a pencil.

1 Copy the pictures and write the Spanish words.
You can find them on pages 8, 12, 14, and 24.

1   2  3  4

2 Who says these words?
Find the names, then say the sentences.
1 "¿Hay alguien mirándonos?"
2 "Tengo que echar estas cartas."
3 "No podemos salir."
4 "¿Es esto tuyo?"

3 Which words make a true sentence from the story?
Copy and write the true sentences.
1 Pablo ve el silbato en *la casa / la nieve*.
2 El extraño es *un extraterrestre / un muñeco de nieve*.
3 La nave espacial vuela hacia *el cielo / el bosque*.
4 Papá tiene *un regalo / una carta* para los niños.

¡Vamos
a casa!

Answers

1 1 (un) muñeco de nieve 2 (dos) cartas 3 (un) silbato
4 (una) nave espacial
2 1 Ana/Anna 2 Papá/Dad 3 Pablo/Paul 4 Ana/Anna
3 1 Pablo ve el silbato en *la nieve*. 2 El extraño es
un extraterrestre. 3 La nave espacial vuela hacia *el cielo*.
4 Papá tiene *un regalo* para los niños.